Uschi Nerke – 40 Jahre mein BEAT-CLUB

BEAT-CLUB

Uschi Nerke

40 Jahre mein BEAT-CLUB

Persönliche Erlebnisse und Erinnerungen

Kuhle Buchverlag

Einbandgestaltung: Marco Jaskulski
Redaktion: Michael Kuhle

ISBN 978-3-923696-99-4

Die Erinnerung ist das einzige Paradies aus dem wir nicht vertrieben werden können

Es ist schon merkwürdig: Da kommt ein Anruf von Radio Bremen und ich werde zur Verabschiedung eines ehemaligen Kollegen gebeten.

"Und wer bitte ist das?" frage ich leicht konsterniert.

"Na, das ist Hühnchen, der Toningenieur. Er wird jetzt 65, geht in Rente und es wäre schön, wenn du zur Verabschiedung kommen könntest. Er würde sich bestimmt tierisch freuen, denn schließlich kennt Ihr Euch ja auch schon seit 1965!"

Mir werden die Knie ganz weich und ich denke nur: Ach Hühnchen, warum kannst du nicht ewig so jung bleiben, wie ich dich noch in der Erinnerung habe. Du meine Güte, schon 65!!

In Ordnung, wir haben zusammen mindestens 15 Jahre bei Radio Bremen Sendungen gemacht und sind gemeinsam durch alle Tiefen und Höhen gegangen, die ein Team, wie wir es damals waren, nur durchwandern konnten. Wir haben alle zusammengehalten - egal ob Requisite, Licht, Kamera, Regie oder eben auch Ton.

Natürlich gab es häufig Schwierigkeiten. Bei Radio Bremen war das Geld immer knapp, die Fantasie und der Erfindungsreichtum aber nie. Es gab nie Probleme, die von diesem fabelhaften Team nicht irgendwie behoben wurden - und zwar in vollster Zusammenarbeit mit allen Beteiligten.

Ich sitze da und träume zurück:

25. September 1965 - 16.43 Uhr:

"Achtung an alle, noch zwei Minuten bis Sendebeginn!"

Mit hochroten Ohren und zitternden Knien warte ich auf das Rotlicht der Kamera für meine erste Beat-Club-Sendung. In dem total mit Jugendlichen überfüllten Garagenschuppen, der als Studio dient, herrscht Totenstille. Ich versuche mich zu konzentrieren, bastele noch in Gedanken an der Formulierung meines ersten Satzes, als ich plötzlich hinter mir eine weibliche Stimme höre:

"Du Uschi, ich muss mal ganz dringend. Wo sind denn hier die Toiletten?"

Hätte ich gerade Zeit gehabt, hätte ich sie genussvoll gewürgt!!

Zu diesem Zeitpunkt wusste ich allerdings noch nicht, welch andere diversen Schlachten noch mit dieser Sendung auf mich warteten. Ich meine damit nicht die Polizeiabsperrungen, die jedes Mal die Massen von Jugendlichen, die draußen vor dem Studio standen, zurückzuhalten versuchten. Ich meine auch nicht die familieninternen Kämpfe zwischen Vätern und Kindern am Samstagnachmittag um 16.00 Uhr, sprich also Sport gegen Beat-Club. Leider ließen sich manche Eltern nie von ihrer Meinung "das ist doch alles Urwald- und Hottentottenmusik" kurieren.

1965 – Im Studio

Der Großteil war aber bald zu gewissen gütlichen Kompromissen bereit. Vater Meier ging eben zu Vater Müller und sah beim gemeinsamen Bierchen Fußball, während Kinder Müller bei Kindern Meier vor dem Fernseher hockten und sich genussvoll den Beat-Club reinzogen. Auf welche Seite sich allerdings die Frauen und Mütter während dieser Zeit schlugen, habe ich bis heute nicht erfahren. Ich wäre um Informationen diesbezüglich sehr dankbar.

Ein anderes Kuriosum war die „Maske“.

Dieser Raum, der einzige mit Aussicht auf Ruhe, Entspannung und kurzzeitige Verschönerung, lag nicht etwa neben dem Studio, oh nein: Man musste erst über eine Art Hof bis ins sogenannte Hauptgebäude gehen, wo sich in einer der oberen Etagen dieser wichtige Raum befand. Um es genauer zu erklären, stelle man sich folgendes vor:

Zum abgesprochenen Termin erscheine ich bei der Maskenbildnerin in dieser besagten Oase und darf noch gerade 2 1/2 Minuten wirklich ich selbst sein. Eine Kaffeetasse landet in meiner Hand, der komfortable Stuhl wird zurechtgerückt und es beginnt das große Wunder: Die Haare werden aus dem Gesicht gesteckt, die Gesichtshaut mit einer Feuchtigkeitscreme eingerieben. Es folgen Abdeckschminke, Teintgrundierung. Nasenflügel, Kinnknochenpartien etc. werden abgedunkelt. Darauf dann mindestens 1/2 Pfund loser Puder. Des weiteren Augenbrauenstift und flüssiger Lidstrich („Kajal“ gibt es ja noch nicht), Lidschatten und dann das Wichtigste: die falschen Wimpern!

Wie man heute diese Dinger anklebt, weiß ich nicht, ich hab es seither nie wieder probiert. Jedenfalls waren es damals echte “Nerzwimpern”, die an einem dicken Band aufgereiht sich “starr” gegen jegliche Verarbeitung sträubten.

Klebten nun diese Wunderdinger endlich an mir, hatte ich Rouge und den restlichen Puder im Gesicht, begann der Kampf mit den Haaren. Toupieren war „in“.

Und ***wie*** damals toupiert wurde!

Ich hatte zwar immer viele Haare, aber was meine Maskenbildnerin da mit meiner natürlichen Haarpracht veranstaltete, war sogar für mich faszinierend.

Nach dieser fast einstündigen Bearbeitung schlüpfte ich in irgendwelche für damalige Zeiten “flippige” Klamotten und begab mich perfekt geschminkt und frisiert ins “Studio”.

Die Treppen herunter ging noch alles gut. An der Ausgangstür vom Hauptgebäude überkam mich jedoch fast regelmäßig das blanke Entsetzen. Stieß ich die Tür auf, um über den Hof ins Studio zu gelangen, machten der bei uns im Norden übliche stürmische Wind und der dazugehörige Regen in Sekundenschnelle alle vorherigen Verschönerunsversuche zunichte. Ich hoffe, man kann meine regelmäßige Verzweiflung verstehen!

Kaum im Studio angekommen, begann der Kampf mit den schon erwähnten Massen von jugendlichen Studiogästen. Von Ansage zu Ansage wurde ich jeweils von einem Assistenten vorn an der Hand gezogen und von einem anderen von hinten geschoben. Tief geduckt versuchte unser Dreierteam dann jedes Mal durch die dichte Menschenmenge zum nächsten Ansagepunkt durchzutauchen.

War ich zum Sendetermin gesund, gab es kein Problem. Bei ernsthafter Krankheit, so etwas soll ja mal in sieben Jahren passieren, wurden wir alle, ganz nach dem Grundsatz "the show must go on", höchst erfinderisch.

Kein Fernsehzuschauer hat bis heute jemals registriert, dass ich manchmal mit zerschundenen und total bandagierten Beinen durch das Studio humpelte. Keiner hat in all den Jahren gemerkt, dass ich mehrere Male mit 40 Grad Fieber vor der Kamera stand. In den Ansagepausen legte man mir Decken um die Schultern und tupfte den kalten Schweiß mit Lederlappen vom Gesicht. Ging das Rotlicht wieder an, war die Decke weg und mein Lächeln wieder da. Hauptsache, die Fassade stimmte! Wie es bei mir drinnen aussah, ging vor allen Dingen die Fernsehzuschauer nichts an.

Ein ganz anderes Problem war vor jeder Sendung die Frage: Was ziehst du diesmal an? Fragte ich zu diesem Thema meinen damaligen Regisseur Mike Leckebusch fragte, sagte er jedes Mal nur: Kurz muss es sein, sexy muss es sein, kein Flimmermuster darf der Stoff haben, blau darf es schon gar nicht sein - na, Du weißt doch selbst, es muss eben was ganz Irres sein!

1965 – Gerd und ich

Da saß ich dann jedes Mal vor der Sendung allein in meinem Kämmerlein, raufte mir die Haare und quälte mich durch den „Playboy", meinen Ideengeber. Meistens hockte ich noch am Abend vor der Sendung an der Nähmaschine und kreierte aus einem winzigen Fetzen Stoff eine ganz "irre" Schöpfung.

Einige Male reichte aber auch beim besten Willen die Zeit nicht zur vollständigen Fertigstellung meines Superminigewandes. Nicht nur ich ertrug es am nächsten Tag mit Fassung. In solchen Fällen saß ich dann eben höchst dekorativ für die Beat-Club-Ansagen auf einem Barhocker und mein "Irres Etwas" wurde am Rücken mit Wäscheklammern zusammengehalten. War vor der Sendung allerdings noch fünf Minuten mehr Zeit, hat mich die Garderobiere einfach sinnig grinsend "hinten" zugenäht. Gegenüber der "Wäscheklammerschließmethode" garantierte diese Art wenigstens absolute Sicherheit über die gesamte Sendezeit.

Eine andere Art der Problematik ergab sich aus der Höhe des Rocksaums. In den ersten Sendungen trat ich konservativ auf, erschien vor der Kamera entweder in Hosen oder in Kleidern, deren Rocksaum brav das Knie bedeckte. Vor der siebten oder achten Sendung (also im Frühjahr 1966) meinte Mike Leckebusch jedoch zu mir, ich solle mich doch mal ein bisschen poppiger nach englischem Vorbild zurechtmachen. Schließlich sei ich doch für die deutschen Jugendlichen so etwas wie ein "modischer Vorreiter" und außer als bei uns in der Sendung könne sich die deutsche Jugend doch nirgendwo anders darüber informieren, was "in" sei. Für die Musikinformation würde er selber sorgen, ich sei für die Mode da!

1965 – 1. Beat-Club

Gesagt, getan! Wieder saß ich an der Nähmaschine und nähte mir - natürlich nach eigenem Entwurf - ein für damalige Zeiten absolut futuristisches Kleid. Die damalige Popmetropole London morste über den Kanal, dass Quadrate und Rhomben das absolute “Non plus ultra” seien.

Also applizierte ich in mühevoller Kleinarbeit derartige Figuren auf meinen ärmellosen Hänger und ließ als i-Tüpfelchen in einem Anfall von waghalsigem Übermut den Rocksaum eine ganze Handbreite ***über*** dem Knie enden. Welch eine Vermessenheit für Anfang des Jahres 1966!

Die endgültige Vollendung der “neuen” Uschi passierte dann in der „Maske“. Zum Entsetzen von Bärbel, meiner langjährigen Maskenbildnerin und Freundin, verlangte ich todesmutig: Vergiss meine bisherige Frisur. Alle Haare werden glatt nach unten gekämmt. Der Pony über den Augen gerade abgeschnitten und die Haare unten auch.

Bärbel schnappte nach Luft und dann entschlossen die Schere. Das Gesamtergebnis aus neuer Frisur und neuem Kleid, kombiniert mit der alten Uschi war umwerfend! Als ich zur Generalprobe im Studio vor Mike Leckebusch stand, konnte dieser sonst so äußerst reservierte Mensch sich gerade noch zurückhalten vor Begeisterung kleine Luftsprünge zu veranstalten.

Alle anderen waren ebenfalls begeistert. Alle - außer den katholischen Geistlichen. Ich weiß bis heute nicht, welche kleinen Teufelchen diese Herren ritten, dass sie sich unsere Sendung überhaupt ansahen.

1966 - Das einzige Mal mit Zigarette „erwischt“

Auf jeden Fall war ihre Kritik im „Katholischen Kirchenblatt“ (ja, Ihr lest richtig!) bezüglich meines Rocksaums geradezu vernichtend. Auf mehreren Seiten ihrer Abhandlung kamen die Herren zu dem Ergebnis, das Zeigen meiner Unterbeine samt der gezwungenermaßen darüber sitzenden Knie sei äußerst “obszön” gewesen!

Die Bildzeitung dagegen empfand diese Kritik als quasi gottgegebenen Aufhänger, brachte ein Ganzbild mit natürlich sichtbaren Knien von mir und fragte darunter dickgedruckt die Nation:

Trägt Uschi zu kurz?

Ich selber grinste nur und schwieg. Die folgenden Jahre gaben die Antwort. Der Rocksaum kletterte höher und höher. Bald sprach man nicht mehr von Röcken, sondern lediglich von breiten Gürteln. Bücken war nur in äußersten Notfällen erlaubt und wenn, dann bitte ganz damenhaft. Sitzen konnte man nicht, wie man wollte. Es wurde an diesem Stückchen Stoff gezogen und gezerrt, obwohl es klar war, dass es links fehlte, wenn man rechts zog. Ganz idiotisch allerdings wurde es im Winter. Oder würdet Ihr Euch heute freiwillig bei minus 20 Grad ab Taille abwärts nur mit solch einem breiten Gürtel, einer Perlonstrumpfhose und hochhackigen Pumps bekleidet für einige Stunden an die frische Winterluft begeben? Aber wie groß die uns selbst auferlegten “Unmöglichkeiten” auch waren. Wir ertrugen alles mit wahrer Wonne!

Es war eine wunderbare Zeit und ich möchte keine Sekunde missen.

1965 1. Beat-Club

Endlich ein Mensch vor der Kamera....

Ich hatte mein ganzes Leben lang Schwierigkeiten mir Namen zu merken. Häufig gab es witzige oder auch ein wenig peinliche Situationen, wenn ich überschwänglich auf jemanden zustürzte, ihn freudig begrüßen wollte und dann beim Namen anfing fürchterlich zu stottern. Bei Zahlen allerdings sieht das ganze schon total anders aus, denn schließlich bin ich nicht ohne Grund Architektin und Hochbauingenieur geworden: Zu jedem Menschen, der mir neu vorgestellt wird, sage ich auch heute noch: Gib mir bitte Deine Telefon-Nummer, Deine Kontonummer oder Deine Krankenkassen-Mitgliedsnummer, denn dann werde ich Dich immer korrekt ansprechen und begrüßen. Sagst Du mir aber Deinen Namen, bin ich verloren, den werde ich nämlich nie behalten.

Könnt Ihr Euch jetzt vielleicht vorstellen, welche Schwierigkeiten ich im Beat-Club hatte, wenn ich am Anfang der Sendung die Bands namentlich vorstellte? Ich hab sie bis zum Schwachsinn auswendig gelernt, denn auch die üblichen „Neger" (große Tafeln, auf denen dann die Namen in großen Lettern zum Ablesen geschrieben waren) konnten bei mir nicht eingesetzt werden – ich bin nämlich kurzsichtig! Dumm gelaufen!

Kein Wunder also, dass ich alle Bands mit kurzen, einfachen Namen liebte, aber sogar bei denen manchmal noch so meine Schwierigkeiten hatte, denn war der Bandname einfach, kam garantiert ein komplizierter Titelname für den Song dazu. Nerke war also ewig hoch konzentriert und haute trotzdem einige Male voll daneben.

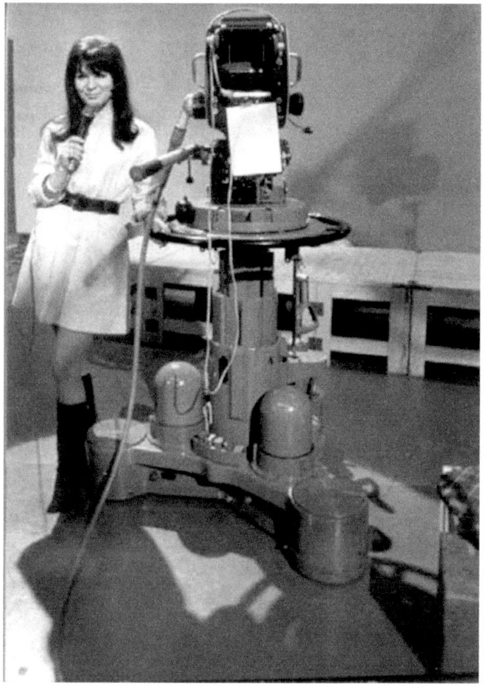

1969

Stolz bin ich immer noch auf mich, als 1966 das erst Mal „Dave Dee" mit seiner Truppe bei uns auftauchte und Nerke bis zum letzten Augenblick hinter der Bühne stand und mit hochroten Ohren diese nicht nur für mich völlig beknackten Namen auswendig lernte – und sie dann vor der Kamera live total richtig aufsagte! (Heute natürlich ist alles kein Problem mehr für mich, denn mit allen Jungs, vor allem aber mit Dave Dee und Frau bin ich sehr gut befreundet und mittlerweile kann ich auch wie der Blitz die Abkürzung DDDBM&T runterrattern – jahrzehntelanges Üben übt eben doch!).

Ein ganz anderer Fall allerdings war die Sendung mit den „New Seekers". Den Bandnamen hatte ich gerade noch im Kopf, aber beim Rest gab es heftige Schwierigkeiten. Also kam von mir live vor laufender Kamera mit voller Überzeugung der Kommentar: „Verdammte Scheiße, mir fällt der Titel nicht mehr ein!!!" Ich wäre am liebsten sofort im Boden versunken. Die Band spielte trotzdem ihren Song (ich weiß bis heute nicht den Titel!) und die Sendung ging irgendwann zu Ende. Postwendend kam eine schriftliche Abmahnung vom Bremer Intendanten und ich kroch vor Scham immer tiefer in mein Erdloch. Aber es gab auch liebliche Engel, die mich wieder nach oben holten: Und das war – man höre und staune - die Bild-Zeitung! Sie schrieb am nächsten Tag in dicken Lettern:

Endlich ein Mensch vor der Kamera!!!

Trotz dieser tollen Schlagzeile war ich überhaupt nicht stolz auf meine Leistung und brauchte etliche Zeit, um dieses Ereignis zu verdauen und zu verarbeiten. Man hat mir aber gottseidank verziehen!

BEAT-CLUB

Mike Leckebusch – Der Visionär

Bereits Anfang der 60er Jahre erkannte der Fernseh-Regisseur Mike Leckebusch, was jungen Leuten fehlte: Pop-Konzerte im Fernsehen mit den aktuellen Stars. Die Fernsehsender in der Bundesrepublik waren von dieser Idee nicht begeistert. Nur das kleine "Radio Bremen" hatte Interesse und gab schließlich 1965 grünes Licht. Optimistisch begann Leckebusch mit der Arbeit. Viel Geld hatte er nicht, er musste improvisieren. Als Studio diente eine große Garage (ohne Heizung), mitten in einem Wohngebiet von Bremen. Weil die Schallisolierung fehlte, drang der Proben-Lärm nach draußen. Das gab natürlich Ärger mit den Nachbarn, die riefen einfach die Polizei, wenn ihnen der "Krach" zu laut wurde.

Können Sie sich eigentlich noch an die speziellen Kameratricks im Beat-Club erinnern? Es gab endlose Überblendungen, Einblendungen, Positiv- und Negativbilder, manchmal nacheinander oder aber auch alles zusammen. Wir vom Team waren natürlich total begeistert und bestaunten den Ideenreichtum unseres Regisseurs Mike Leckebusch. So etwas hatte es vorher noch nie gegeben und war völlig neu. Neu allerdings war auch, dass etwas ältere Leute, wie z.B. unsere Eltern, teilweise ziemlich entsetzt auf den Bildschirm starrten, sich die Haare rauften und verzweifelt riefen: „Was passiert da denn bloß? Man kann ja gar nichts mehr erkennen! Wie sehen die Leute denn nun in Wirklichkeit aus!!!“

Tja, mit dem Beat-Club begann nicht nur die Zeit der „neuen“ Musik, sondern auch der „neuen“ Bilder im Fernsehen. Mike Leckebusch war in dieser Hinsicht ein wahrer genialer Pionier und verbrachte

50. Beat-Club mit Mike Leckebusch und Intendant Abich

all seine Freizeit damit, am Regiepult neue und interessante Möglichkeiten zu finden. Allerdings vergaß er darüber oft völlig seine Umgebung, so dass das gesamte Team im Studio ohne Arbeit und Nachricht „von oben" hockte und nicht wusste, was sich in der Regie tat. Währenddessen vergaß Mike Zeit und Raum und schwebte dann oft in anderen Welten.

Kam dann jedoch eine nette Anfrage von den Kameraleuten aus dem Studio mit dem Hinweis, das Studio wäre nur noch für 5 Minuten gebucht, wachte Mike auf und fragte knapp zurück: „Wie viel kostet mich noch eine Stunde mehr?" Antwort aus dem Studio: „Mike, Du weißt doch: Jede weitere Stunde kostet einen Kasten Bier!" Das Bier kam – fragt mich bitte nicht, wie lange die Jungs dann häufig noch weitermachten.

Nur so gelang es Mike Leckebusch verrückte und „abgefahrene" Tricks zu produzieren. Viel Geld war bei Radio Bremen nicht vorhanden, also mussten kreative Ideen her. Und die durften natürlich keinen Pfennig kosten.

Eine ganz einfache aber wirkungsvolle Sache war das „Ding mit der Colaflasche!" Mike nahm eine leere Colaflasche und stellte sie auf einen kleinen Drehteller. Während der Teller sich drehte wurde ein Lichtspot von schräg oben auf die Flasche eingestellt, so dass sich dadurch ein Hell-Dunkel-Lichtspiel ergab. Nun musste die Kamera nur noch „unscharf" gezogen werden und schon huschten die interessantesten Lichteffekte über den Bildschirm! Was heute per „Mausklick" möglich ist war damals ein Meilenstein. Meistens zeichnete Mike diese „Hintergrundbilder" auf und mischte sie dann, je nach Bedarf, als Ergänzung zu den Live-Aufnahmen der Bands im Studio. Viele der Bands waren

1970 mit Mike Leckebusch und Dave Dee

von Mike's optischen Spielereien restlos begeistert und ergänzten sogar seine neue Technik. Dave Dee & Co z.B. hatten einen Heidenspaß dabei, mit sich selbst auf dem Bildschirm zu agieren. So wurden sie vorher einmal aufgezeichnet und waren im Vordergrund als komplette Band zu sehen, standen dann aber live noch einmal dahinter und trieben mit sich selbst ihre Späße, in dem sie sich z.B. selbst auf den Kopf tippten oder ähnlichen Unsinn machten. Bands, die auch optisch mitdachten, waren bei uns natürlich immer gern gesehen!

Mike mit dem Chef „Gerry and the Pacemakers“

Vom Jazzer zum Beat-Jünger

Während wir unglaublich viele begeisterte Zuschriften von Jugendlichen – und auch ab und zu nicht mehr ganz so jungen Zuschauern bekamen, gab es natürlich einzelne wirklich böse Briefe von Menschen, die sich immer noch nicht mit dem damaligen Zeitgeist abfinden konnten, nach der Ideologie des 3. Reiches lebten und uns alle am liebsten vergast hätten. (Ja, ehrlich!)

Gott sei dank waren wir uns da im Produktionsteam alle unglaublich einig und ignorierten diese Schreiben einfach, sie waren es wirklich nicht wert, ernsthaft beachtet zu werden. Das heißt aber nicht, dass auch bei uns im Sender jeder unsere Musik, die wir im Beat-Club präsentierten, gut fand.

Es gab beispielsweise den Kameramann Benno. Er war ein ausgemachter Jazz-Fan und ließ keine Götter neben diesen gelten. Beat, wie die Musikrichtung damals noch hieß, war für ihn ein echtes Gräuel und daher überhaupt nicht akzeptabel. Benno gehörte zuerst nicht zu unserem Stamm-Produktionsteam für den Beat-Club und wurde das erste Mal angefordert, als die Band „Chicago Transit Authority“ bei uns im Studio auftrat. Die Sendung mit „Chicago“ war für den 31.12.1966, also Silvester, als Live-Sendung geplant. Leider aber standen die Jungs zu diesem Zeitpunkt live nicht zur Verfügung, hatten aber kurz vorher einen Termin frei. Also stimmte Mike Leckebusch zu, dass sie einige Tage vorher ins Studio kamen und wir sie dann eben aufzeichneten.

Der Aufnahmetag kam. Das Studio war riesig, darin nur die Jungs von „Chicago“, als Publikum lediglich wir als Mitarbeiter und Begeisterte, und um die Jungs herum nur die Kameraleute – samt Benno.

1966

Auf die Frage der Jungs, was sie denn jetzt machen sollten, sagte ihnen Mike: „Macht einfach, was ihr wollt – wir richten uns nach Euch.“ Darauf stellten sie sich im Kreis auf und fingen an zu spielen. Die ersten Rhythmen von „I'm a man“ erklangen und ich beobachtete Benno.

Langsam schob er seinen Kopfhörer von dem einen Ohr, dann von dem anderen und schließlich, völlig begeistert ohne jede Verbindung zu unserem Regisseur, stand er ca. einen Meter neben seiner Kamera. So was tut kein guter Kameramann!!! Ich sah einen total ausgeflippten und mitgerissenen Benno, der keine Kommandos aus der Regie mehr empfing, sondern einfach nur hingerissen miterlebte, was sich da vor ihm mit den von ihm bisher so verdammten Popleuten tat.

Trotz aller Rügen durch Mike Leckebusch war es für uns andere ein absolutes „Sahnetortenessen“ und wir grinsten alle. Einem eingefleischtem Jazzer hatten wir gezeigt, dass auch Leute aus der Beat-Szene super Musik spielen konnten!

1968 mit Dave Lee Travis

Stevie & Pete – Keep on Running

Der Beat-Club hat mir nicht nur unendlich viele musikalische Erlebnisse beschert, sondern Gott sei Dank auch etliche menschliche. So bin ich noch heute mit vielen Bands und Stars aus den 60er und 70er Jahre befreundet, wie z.B. Dave Dee & Co, Tremeloes, Mungo Jerry, Graham Bonney, Chris Andrews, Scott McKenzie, Boney M. usw. Einer von ihnen ist Pete York, der geniale Drummer der damaligen „Spencer Davis Group“.
Anfang des Jahres 1966 hatte die Band ihren ersten Riesenhit mit „Keep On Running“. Zu dieser Zeit hatte sich bei den Musikern und auch den Plattenfirmen bereits herumgesprochen, dass sich der Beat-Club zu einer der besten Promotion-Sendungen für sie entwickelte und dementsprechend war die Nachfrage bzw. das Angebot. Als die „Spencer Davis Group“ im Frühjahr 1966 nach Bremen kam und in der Stadthalle ein Konzert gab, durfte Radio Bremen das Konzert mitschneiden und Ausschnitte davon im Beat-Club zeigen.

Natürlich stand auch ich im dicht gedrängten Publikum. Ich hatte zwar schon von dieser Band gehört, aber noch nie ein Bild der Jungs gesehen. Als sie der Reihe nach auf die Bühne zu ihren Instrumenten marschierten, dachte ich, ich wäre im falschen Film. Da erschienen dem Aussehen nach drei äußerst brave Studenten, die als vierten Kumpel den kleinen Bruder mitbrachten, der ganz offensichtlich noch zur Schule ging. Ausgerechnet **die** sollten Nr. 1 in den Charts in Großbritannien sein? Wir schauten uns zweifelnd an. 2 Sekunden später standen wir aber staunend mit offenem Mund da, als die „Großen“ zu spielen anfingen und der „Kleine“ mit einer unglaublichen Röhre loslegte. Dieser „kleine“

Spencer Davis Group – und rechts der „Kleine“

Stevie Winwood war damals gerade 17 Jahre alt, aber bereits seit drei Jahren Profi. Das Volk tobte vor Begeisterung – und Nerke natürlich mit.

Nach dem Konzert trafen wir uns alle im damaligen „In-Club“ Bremens, dem „Club 99“. Ich ergatterte mit viel List und Tücke einen Platz direkt neben Stevie, dem Star der Band und versuchte wirklich alles, um diesen Burschen zum Sprechen zu bringen.

Ich arbeitete bestimmt eine geschlagene Stunde lang daran, gab dann total genervt auf und überließ meinen kostbaren Platz der Nächsten. So grandios und ausdrucksvoll Stevie auch auf der Bühne war, privat war er die schüchternste Person, die ich je kennen gelernt habe.

Den Drummer Pete York nahm ich damals eigentlich noch überhaupt nicht wahr – allerdings erschien er in den nächsten Jahren immer wieder bei uns in Bremen und aus einem anfänglichen „Hallo“ entwickelte sich bald ein „Schön, Dich wieder zu sehen“. Es bürgerte sich ein, dass Pete jedes Mal, wenn er in Bremen war (er trommelte später auch sehr oft bei Chris Barber) kurz vorher bei mir anrief und wir uns auf ein Bier verabredeten.

Mittlerweile ist er mit einer bildschönen Bayerin verheiratet, lebt seit etlichen Jahren mit ihr in Starnberg und ist stolz auf seine ebenso hübsche Tochter. Ganz nebenbei ist er inzwischen einer der besten verfügbaren Drummer überhaupt geworden.

1966

Als mein Mann und ich im Wintergarten unseres Restaurants den ersten „Beat-Club Stammtisch" als Live-Session veranstalteten, war Pete der erste, der zusagte und dann auf der Matte stand. Weitere Musiker, die ich dazu einlud, zogen alle verstohlen den Hut vor diesem Könner und sagten sofort zu. Für sie war es eine Ehre, mit diesem Mann spielen zu dürfen - und für mich ist es auch heute noch eine Ehre, mit ihm befreundet zu sein.

After-Work-Party der 60er und 70er Jahre

Während der Jahre des Beat-Clubs sowie in der nachfolgenden Zeit des Musikladens war es eine wunderschöne Einrichtung, dass entweder nach den Proben am Vortag oder nach der Livesendung direkt die meisten Künstler sich in irgendeinem angesagten Club trafen und wir dann alle fröhlich zusammen saßen.

Ganz verrückt erging es mir dabei mit Albert Hammond. Diesen Burschen zeigten wir genau 5 x bei uns im Beat-Club, zuerst am 14.10.67 und das letzte Mal am 28.6.69 mit der Band Family Dogg. Nie fiel er jemandem auf, nie beachtete ihn jemand von uns genauer. Er war einfach ein lieber, netter und pflegeleichter Sänger einer Band.

Aber dann kam es dicke: Anfang 1973 erwarteten wir im Musikladen den Superstar Albert Hammond mit seinem Superhit „It Never Rains in Southern California". Die Tür zur Regie öffnete sich und ein breit grinsender Mann stand da, der sagte: „Mann, ist das schön, wieder bei Euch zu sein!" Ich muss wohl nicht betonen, dass wir uns alle ziemlich blöd anschauten, bis Albert rief: „Mensch, Leute, erkennt Ihr mich denn nicht mehr? Bei „Family Dogg" war ich doch immer der mit dem großen schwarzen Hut!" Natürlich fielen wir uns alle der Reihe nach in die Arme und der Abend endete damit, dass Albert bei mir vor dem Kamin saß und er mir bei einem guten Rotwein ganz glücklich von seinem gerade erfolgten Umzug nach LA, seinem neuen Haus mit Pool und seiner Familie erzählte. Sind solche wunderbaren Momente nicht mehr wert als alles Geld der Welt?

Natürlich gerieten die Treffen am Vortag der Livesendung immer kürzer, wenn wir allerdings nach der Sendung zusammen saßen, dann ging schon öfter mal die Post ab. Bei dem Wort „Post" bin ich auch schon beim Thema: Die meisten Künstler von uns übernachteten damals in Bremen im „Hotel zur Post", einem Hotel der freundlichen Mittelklasse, zentral gelegen, dessen Chef schon etliche Erfahrung mit unseren Leuten gemacht hatte.

Als am 21. Februar 1973 der Musikladen vorbei war – wir hatten u.a. die „Dubliners" und das „Schnuckenack-Reinhard-Quintett" in der Sendung, trafen wir uns alle in diesem Hotel. In der Halle wurden Tische aneinandergestellt, so dass alle Anwesenden einen Platz hatten. Es dauerte etliche Zeit, bis die Sitzrunde endlich komplett war. Wer letztendlich so alles anwesend war, weiß ich heute nicht mehr, ich weiß aber, was sich an diesem Abend abspielte.

Zuerst bestellten alle natürlich ihre Getränke – normal. Die „Dubliners" aus Irland waren außerordentlich gut drauf. Es waren bodenständige, eigensinnige, rothaarige und trinkfreudige Gesellen, dazu äußerst liebenswert. Plötzlich kam der Ruf nach Musik. Der erste der „Dubliners" trabte los und holte sein Instrument. Es folgte der Zweite, es folgte der Dritte und so weiter. Das wollten natürlich die Leute vom „Schnuckenack-Reinhard-Quintett" nicht auf sich sitzen lassen, sausten ihrerseits los und brachten ihre Fiedeln mit.

Eigentlich hätte ich diese spontane Jamsession aufnehmen müssen – es wäre ein absolut irres Dokument dieser Zeit gewesen. Aber was war? Nerke hatte keinen Fotoapparat, kein Aufnahmegerät..... und hat einfach nur fröhlich mitgefeiert. Diese Feier blieb nicht ohne Folgen, da an diesem Abend nicht

1966 – Studio 66

nur gezupft, gefiedelt und gesungen, sondern vor allen Dingen getrunken wurde. Zuerst war der Whisky dran, danach gingen die Jungs zu Bier über. Als auch das alles geleert war, standen dem Hotelmanager zwar sämtliche Haare zu Berge, aber da sich alle Anwesenden noch immer lustig und anständig benahmen, raffte er seine letzten Vorräte zusammen und stellte alles auf den Tisch, was noch verfügbar war. Bevor jedoch all das auch noch vernichtet wurde, floh Nerke durch die Hintertür.

Zuhause in meinem ruhigen Heiabett dachte ich dann nur noch: Lieber Gott, gib mir jeden Mann, aber bitte keinen Iren – dies Leben ist mir einfach zu anstrengend!

Am schönsten aber waren für mich die eher privaten und stilleren Stunden, die ich mit den sogenannten Stars verbrachte – und dazu muss ich gleich sagen: Je bekannter und berühmter jemand war, desto netter, unkomplizierter und anspruchsloser gab er sich.

Ich bewohnte damals ein traumhaftes Penthouse über Bremens Dächern und erlebte so z.B. einen wunderbaren Abend mit Alexis Corner vor dem Kamin. Er erzählte mir von der alten Mühle, die er gerade bezogen hatte und schwärmte von seiner Tochter und seinem Sohn, die beide dem stolzen Vater musikalisch folgten.

Am 25. September 1965 um 16.45 Uhr flimmerte der allererste Beat-Club über die Bildschirme. Ganze sieben Jahre lief diese mittlerweile zum Kult gewordene Sendung einmal jeden Monat. Nach 83 Sendungen endete diese denkwürdige Ära am 9. Dezember 1972 und ging fast nahtlos in den „Musikladen" über. Ich persönlich hatte beschlossen, nach dem Beat-Club fernsehmäßig Schluss zu machen,

1966 Dave Dee

denn erstens hatte ich mittlerweile meine beiden Studien als Architektin und Hochbauingenieur beendet und mein eigenes Büro aufgemacht – und außerdem dachte ich, dass 7 Jahre Nerke auf dem Bildschirm genug seien. Allerdings machte ich die Rechnung damals ohne meinen Regisseur Mike Leckebusch. Denn er hatte mich – ohne mich zu fragen – schon wieder voll für den folgenden „Musikladen“ eingeplant. Aber auch die folgenden acht Jahre durchlebte ich mit Wonne.

„Hühnchen“ – Der Rhythmus in Hintergrund

Freitag, 22. Juli 2005, ein richtiger Sommerregen-Morgen! 7 Uhr 30 - Nicht gerade kalt, aber auch nicht richtig sommerlich warm. Durch das angekippte Fenster dringt das zischende Geräusch spritzender Autoreifen auf nassem Asphalt zu mir herauf – ein für mich nahezu unerträgliches Signal für eingeschränkte Bewegungsmöglichkeiten im Freien. Nun könnte man daraus schließen, ich wäre ein Morgenmuffel – nein, das bestimmt nicht. Ich muss aber zugeben, dass ich zu den Regenmuffeln gehöre, obwohl ich als Bremer eigentlich gegen häufig wechselnde Wetterfronten desensibilisiert sein müsste.

Dennoch bin ich gerade recht froh gestimmt aufgestanden. Heute nämlich will ich endlich den Garten herrichten für einen gemütlichen Grillabend am Wochenende. RADIO BREMEN EINS spielt Musik aus den 60-er, 70-er und 80-er Jahren: „Rockabilly Rebel“ von den Matchbox und Bonnie Tyler mit „It`s A Heartache“. Erinnerungen an Musikproduktionen in den RB-Fernsehstudios werden wach. Alle Titel zum Mitsingen, Mitpfeifen (im Bad - und wenn meine Familie nicht in der Nähe ist, versteht sich).

Dann der Jingle: DAS WETTER. Die Wetterfrösche reden etwas verlegen von „Herbst ähnlichem Wetter“ mit viel Regen und Sturm, ab und zu vielleicht auch mal ein Sonnenstrahl.

Jetzt ist Umdisponieren angesagt, was mir als Produktionsingenieur von RADIO BREMEN natürlich flink von der Hand geht. Schließlich habe ich das unter „unserem“ Regisseur Michael Leckebusch beim BEAT CLUB, beim MUSIKLADEN und bei der EXTRATOUR über lange Zeit üben dürfen. Zusammen mit Mike (wie Leckebusch vom Team genannt wurde) habe ich hierin im Laufe der Jahre eine gewisse Erfahrung und Qualifikation erreicht. Ich brauche wohl nicht eigens zu erwähnen, dass sich diese ständige Bereitschaft zur Flexibilität natürlich auch auf meine liebe Ehefrau übertragen hat.

„Gesi, hast du eben den Wetterbericht gehört?" frage ich sie in der Küche. Erst ein Nicken von ihr, dann ein gemeinsamer Blick zum Fenster hinaus - und die Geburtstagparty wird verschoben. Am Wochenende wird tapeziert!! Schnell noch ein paar notwendige Einkäufe. Tapetenkleister fehlt, der Spezialkleber ist eingetrocknet, die Tapetenschere taugt auch nichts mehr. Glücklicherweise ist es ja gerade trocken draußen!

Zweimal bin ich nun schon durchgeregnet. Habe immer noch nicht alles beisammen - meine Stimmung ist dementsprechend ...

Es ist bereits später Nachmittag, mürrisch verziehe ich mich in den Keller und lege die Tapetenrollen bereit – dann klingelt das Telefon:

„Hühnchen, hier ist Uschi, Uschi Nerke. Hast Du meine E-Mail bekommen?"
„Hallo, Uschi..... natürlich habe ich die bekommen"...
„Na und, was ist?"
„Uschi, ...was kann ich als Tonmensch zu Deinem Buch über BEAT CLUB Erinnerungen beitragen? Unerwartet witzige Reaktionen von den Interpreten auf Mikes Kameraführung? Oder heitere Szenen, die durch Sprach-Missverständnis im Studio für Heiterkeit sorgten? Das alles ging an mir überwie-

gend vorbei. Ich war doch meistens in der Tonregie darum bemüht, die technischen Voraussetzungen für eine ausgewogene Liveabmischung aller Bands zu schaffen. Mit den Musikern selbst konnte ich doch nur während der ohnehin sehr kurzen Probenzeiten sprechen. Dabei ging es immer nur um technische oder musikalische Absprachen, um Sound- und Gestaltungswünsche. Und überhaupt - wer um Himmels Willen interessiert sich noch nach 40 Jahren für unsere technischen Probleme und die damals absolut unzureichende technische Ausrüstung?“

Ich will hier unser „etwas längeres“ Gespräch nicht weiter auswringen. Uschi hat mich letztlich überredet. Es wird also nicht tapeziert – sondern umdisponiert.

Heute ist Samstag, 23.Juli. Es regnet immer noch. Ich versuche mich zu erinnern wie alles einmal angefangen hat. Gibt es noch alte Notizen? Eventuell Aufzeichnungen, Manuskripte oder andere Erinnerungsstücke? Ich beginne ein ziemlich unkoordiniertes Suchen nach der verlegten Vergangenheit. Aber je mehr Ablagen und Ordner ich durchsuche, desto mehr wächst die Erkenntnis, dass ich über den BEAT CLUB leider keine Unterlagen mehr besitze.

.

Von MUSIKLADEN und EXTRATOUR hingegen sind fast alle Sendeabläufe vorhanden, von einigen Sendungen sogar noch VHS-Tapes. Kontrollmitschnitte, die ich damals zuhause für eigene kritische Beurteilung der Abmischung des Live-Sendetons benutzte. Heute für mich wertvolle Souvenirs (mit zum Teil kleinen Fehlern, die vielleicht nur mich stören).

Inzwischen ist es fast 12 Uhr. Ob ich Uschi anrufe und ihr von meinem Scheitern erzähle? Unmöglich, die ist ja gerade auf der Autobahn. Um 13:00 Uhr beginnt doch ihre BEAT CLUB Sendung im Hörfunk. Nein, nicht vor der Sendung, das ist unfair – dann lieber erst abends.

Der Regen hat aufgehört und die Sonne kommt durch. Noch einmal lasse ich die MUSIKLADEN – Skripte durch die Hand blättern: Plötzlich fällt ein angegilbter Handzettel aus der Akte mit einem Vermerk von mir:
Positiv-Filmrolle über Aufenthaltsraumfest und FS-Tonregieraum im Funkhaus Heinrich-Hertz-Straße zum Glätten in altes grünes Album gelegt.
Neugier packt mich - und tatsächlich, da sind die Bilder. Mein Gott, wie jung wir da noch waren. Und da ist auch Jochen Rottke, damals noch Spielleiter beim Hörfunk und immer gut für eine spritzige Bemerkung. Außerdem ein guter Menschenkenner. Ich hatte ihn bereits in meiner Hörfunkzeit bei vielen Hörspielproduktionen kennen und schätzen gelernt.

Und dann sehe ich sie plötzlich wieder, die große nüchtern-moderne Treppenhausanlage des Anbaus für das Fernsehen. Ich komme gerade aus dem Kasino zurück und bin auf dem Weg zu unserer Fernsehregie. Auf der neuen breiten Marmortreppe kommt mir Jochen von oben entgegen – wie immer mit einem Stoß Manuskripte unter dem Arm. „Ach gut, dass ich dich treffe, Hühnchen, ich möchte dich nämlich fragen, ob du Lust hast, mit Michael Leckebusch einmal im Monat eine Live-Musiksendung für junge Leute zu fahren. Eine halbe Stunde mit Publikum aus unserem Interimsstudio 2. Hier ist das Manuskript – schau mal hinein."

Tonregieraum, Regiepult

Na klar, habe ich Lust! Noch am selben Tag wird mir jedoch auch klar, dass für zwei Bandstands, zwei Ansager und Publikum die technische Ausrüstung unseres Tonregieraums nicht ausreicht. Beim Anbau des Fernsehkomplexes an das Funkhaus Heinrich-Hertz-Straße ist der räumliche Zuschnitt und die technische Ausrüstung der Tonregie im Vergleich zur Bildregie recht dürftig ausgefallen. Das Geld war halt schon immer knapp bei RADIO BREMEN. Außerdem – so heiß es - ist beim Fernsehen das **Bild** wichtig und nicht der Ton. Und für einen >Fernseh-Begleitton< reicht das Mischpult allemal.
Da fällt mir unwillkürlich der Ausspruch eines angeheiterten Hörfunkkollegen wieder ein:
„Wer zum Fernsehen geht, nimmt auch Ostgeld an!“

Jetzt ist Improvisation angesagt. Im Messdienst und im Lager für den Übertragungsdienst, Ü-Dienst genannt, wird mir geholfen: Ein transportables Mischpult (V 65) und eine M 24- Tonbandmaschine, die ich für Halleffekte brauche, kann ich sofort ausleihen, die notwendigen Kabellängen müssen aber vom Betriebsdienst erst noch handgefertigt werden. Dazu bedarf es natürlich einer Auftragserteilung durch meinen Chef, Heribert Tannenbauer, selbst langjähriger Erster Produktionsingenieur im Hörfunk. Dankenswerterweise veranlasst er sofort alle notwendigen Arbeiten.

Derweil wackelt die Sache mit dem **Publikum im Studio**: Über den so genannten Flur-Funk hört man, dass das Interimsstudio 2 feuerpolizeilich nicht für Zuschauer zugelassen ist. Aber die Redaktion findet rechtzeitig einen Ausweg: Aus Zuschauern werden bezahlte Statisten. Die Gage: Eine Flasche Cola und ein Paar Wiener Würstchen.

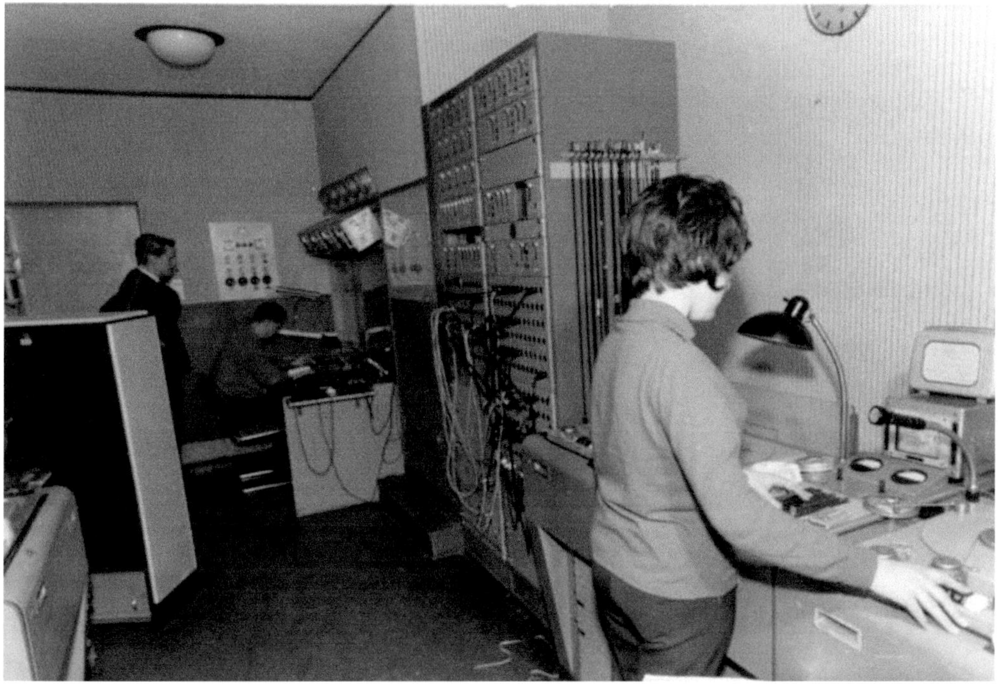

Tonregieraum

In der Tonregie sind die zusätzlichen Geräte aufgestellt und verkabelt (Bild 1+2). Unsere Mikrofone stehen, alle Leitungen sind gecheckt – Die „Yankees“ und die „Liverbirds“ bauen ihre Instrumente auf, die Proben sollen gleich beginnen.

Plötzlich ein Brummen auf den Mikroleitungen: Die „Yankees“ haben die eigenen Gesangsmikrofone für ihre Verstärkeranlage mit dem bekannten grauen Klebeband an unsere MD 421 angeklebt und damit eine Erdungsschleife verursacht. Endlich behoben. Mike kommt: „Hühnchen, das müsst ihr aber ändern – das sieht ja schlimm aus“. Recht hat er, aber auf die Schnelle ist dieses Problem nicht zu lösen – da stößt symmetrische Studiotechnik auf asymmetrische Musikertechnik, beide lassen sich nicht direkt miteinander verschalten. Die Proben laufen. Mike unterbricht die Probe und schickt Uschi für die nächste Ansage auf die andere Seite des Studios: „Sieht viel besser aus!“ „Rehearsal Liverbirds – Go“ - Protest von

Kamera 3: Das Mikrokabel von Uschis Handmikro behindert jetzt eine Kamerafahrt. Meine Studiotechniker verlegen ein weiteres Mikrofon zur neuen Ansageposition. Während dessen kommt zu mir ein Beleuchter in den Tonregieraum: „Hühnchen, bei der neuen Ansageposition von Uschi müssen wir noch ´nen 2 kW zur Aufhellung setzen, aber da hängt ein Lautsprecher, der muss da weg.“ Jetzt sirrt es: Uschi hat nach der Ansage das Mikro auf einen Bildmonitor gelegt. Mike ruft mir zu: „Augustin braucht noch ein Handmikro für ein Interview mit den Liverbirds!“ Das Telefon klingelt: „Dispo hier. Herr Hühn, Sie haben heute Abend noch eine Film-Einspielung in die NORDSCHAU - ist gerade ganz aktuell reingekommen“. - (Es gibt Tage, die haben einen Goldrand!) Das Interview-Mikro ist installiert. Pamela von den Liverbirds ist nicht mehr im Studio. Das Interview wird für die Kameraeinstellungen nur angedeutet.

Tags darauf gibt es Ärger mit den Anwohnern hinter unserem Interimsstudio. Sie fühlen sich durch die laute Musik, die durch die unzureichend gedämmten Außenwände des Studios dringt, erheblich gestört. Die Bands müssen die Lautstärke der Verstärker zurückfahren.

25. September 1965. Sendetag. Es gibt keine angeklebten Mikros mehr – Jetzt stehen nur noch **unsere** Mikros auf den Bandstands. Die Verstärkeranlagen der Bands werden über provisorische, entkoppelte Parallelabgriffe von unseren Gesangsmikrofonen versorgt. Den Kollegen von der Messtechnik und vom Betriebsdienst sei gedankt für ihren unermüdlichen Einsatz. Mike ist zufrieden – und erst recht ich, singen die Yankees nun nicht mehr an unseren Mikros vorbei in ihre eigenen. Endlich ist der Sound okay. In der Tonregie haben sich die fliegenden Kabel erheblich vermehrt, es wird Zeit, dass ich sie so gut wie möglich absichere. Letzte Proben, letzte Korrekturen, letzte Absprachen, – Stunden werden zu Minuten, der Puls steigt und steigt – ein letzter Kontrollblick über die Regler – und dann die Ansage von Pitt Wieben aus dem Studio 1 und das Stichwort: "Und nun geht`s los!"

„HALBSTARK - oh Baby, Baby halbstark"... tönt es aus Studio 2. Der erste BEAT CLUB im DEUTSCHEN FERNSEHEN läuft. Und er läuft gut ...er läuft besser als erwartet! 30 Minuten später sind wir alle glücklich, die Anspannung fällt von uns ab, der Normalpuls kehrt zurück, es ist geschafft! Mike – in der Bildregie vor mir – dreht sich um, nickt mir lächelnd zu. Mein Chef kommt in die Tonregie, drückt mir die Hand. Anrufe von Hörfunkkollegen - Abbau von Kameras und Mikrofonen – dann darf gefeiert werden.

Es ist Sonntag, 24.Juli 2005. Die Gegenwart hat mich wieder zurückgeholt. Schade, dass ich nur diese paar Bilder vorweisen kann. Um den BEAT CLUB herum sammeln sich viele kleine Mosaiksteine von Lob und Kritiken, von heiteren Erlebnissen, überraschenden Ereignissen, aber auch stressigen Aufzeichnungen. Das erste Lob, an das ich mich erinnern kann, kam von der Hamburger Zeitschrift „MUSIK PARADE". Sie wählte den BEAT CLUB zur beliebtesten Sendung des Jahres 1965. Zu einem Heiterkeitsausbruch kam es an einem sauheißen Sommertag. Das ganze Team wartete auf eine Band, mit der die Proben beginnen sollten. Schließlich kam Jochen und tat uns kund: „Die sind noch in der Dusche – sie rochen etwas streng."

Zwar gab es ständig Fortschritte in der technischen Ausrüstung, aber dennoch wurden wir immer mal wieder von Pannen und auch Totalausfällen herausgefordert. So z.B. beim BEAT CLUB 5 aus dem Burger Landhaus, der am Samstag, 12. Februar 1966 auf Sendung ging. Bereits die Abfahrt des Ü-Wagens aus dem Funkhaus stand unter keinem guten Stern: Über Nacht hatte es gewaltig geschneit, die Räder rutschten durch, Schneeketten mussten her. Der Aufbaubeginn am Übertragungsort verschob sich um Stunden. Zunächst verliefen die Tonproben normal – bis am Freitag Nachmittag plötzlich die Lautsprecherboxen einer Band dicke Backen bekamen und den Dienst quittierten. Die Proben mussten für Stunden untergebrochen werden, bis der Produktionsleiter endlich noch ein Bremer Fachgeschäft antraf, das der Band neue Boxen zur Verfügung stellen konnte.

Aufenthaltsraum

Die nächste Katastrophe hätte uns beinahe am 14. Juli 66 ereilt. BEAT CLUB 10 sollte in Horstedt an einem Sandstrand der Oberweser stattfinden. Wir waren noch beim Aufbau als aus Südwesten dicken schwarze Gewitterwolken aufzogen. Nach kurzer Erwägung, ob die Sicherheit der Produktionsmannschaft an den Kameras, Mikrofonen und Scheinwerfern bei einem Gewitterregen in ungeschützter freier Natur gewährleistet werden kann, erklärten alle Spartenleiter, dass das nicht zu verantworten sei. Um weitere Zeitverluste zu vermeiden beschloss Mike den sofortigen Abbau und die Rückkehr ins Studio. Von dort lief dann zwei Tage später BEAT CLUB 10 erfolgreich über alle ARD-Sender.

Im Februar 1967 waren die neuen Fernsehstudios an der Hans-Bredow-Straße fertiggestellt. Der erste BEAT CLUB von dort war (lt. meinem Taschenkalender) der BEAT CLUB 17 aus dem neuen Studio 2 - allerdings immer noch mit Schwarz/Weiß-Kameras aufgenommen.
Jetzt standen uns endlich Tonmischpulte zur Verfügung, die für lange Zeit fast allen Anforderungen gewachsen waren – nur jetzt bestanden viele Gruppen, beziehungsweise deren PR-Manager auf Vollplayback. Eigentlich schade. Aber so spielt die Musik. - - -

Ab August 1969 – zwischen den BEAT CLUB Sendungen 45, 46 und 47 - war ich dann gleichzeitig an einer weiteren großen RB-Musikproduktion beteiligt, die immer zwischen den BEAT CLUB Terminen aufgezeichnet wurde. Für das 3. Programm spielten Paul Badura-Skoda und Jörg Demus auf Hammerflügeln der Beethovenzeit und auf einem modernen Konzertflügel die Klaviersonaten von Ludwig van Beethoven. Im nahezu wöchentlichen Wechsel ein ungewöhnlicher Kontrast. Beide Produktionen, BEETHOVEN und BEAT CLUB verlangten sehr viel Einsatz, waren aber auch sehr interessant und haben mir viel Freude durch die Musik und die gelungenen Aufzeichnungen bzw. Live-Sendungen gegeben.

Ende 1969 wurde auch bei RADIO BREMEN das Fernsehbild farbig und wahrscheinlich (falls mein Kalenderbuch nicht trügt) war der BEAT CLUB 51, der am 31.Januar 1970 über die Bildschirme lief, der Erste in Farbe. Inzwischen hatte sich der anfängliche >Fernseh-Begleitton< (Bezeichnung aus der Anfangszeit des Fernsehens) zu einem dem Bild gleichberechtigten und anerkannten Partner entwickelt. Die Tonregien bekamen neue Mischpulte, auf denen nun auch umfangreichere Musikgruppen live abgemischt werden konnten. (Bild 4)

Hier, in den neuen Studios, traf mich eines Tages bei einer Live-Aufnahme der große Schrecken: Mitten in einem Titel hörte ich plötzlich kein Schlagzeug mehr. Ich wollte gerade meine Studiotechniker alarmieren, da sah ich Mike sich zu mir umdrehen. Er grinste und zeigte auf das Vorschaubild von der Kamera 4: Der Drummer war nicht mehr zu sehen! Er war bei „heftiger Arbeit“ mit seinem Hocker vom Bandstand gekippt. Glücklicherweise war er unverletzt und flink wieder oben und konnte weiterspielen. Ich kann leider nicht mehr rekonstruieren, wann und wem das passierte.

Dem erfolgreichen BEAT CLUB, der zuletzt in 44 Ländern der Welt über die Bildschirme flackerte, folgte dann am 13. Dezember 1970 der MUSIKLADEN, der ebenfalls unter der Regie von Mike Leckebusch und seiner eingespielten Crew unvergessliche Erfolgsquoten erzielen konnte.

Ich schätze mich glücklich, dass ich in diesem Team mitarbeiten konnte - auch wenn es nicht immer harmonisch zugehen konnte, weil jede Sparte, ob Bild, Licht oder Ton, die bestmögliche Leistung erbringen wollte. Doch die Kompromissfähigkeit und Hilfsbereitschaft aller Kollegen - eine der großen Stärken dieses Teams – war letztlich Garant für den Erfolg unserer gemeinsamen Arbeit.

Es ist nun allerdings zu befürchten, dass die Ära der Eigenproduktionen bei RADIO BREMEN sich dem zwangsläufigen Ende zuneigt. Der Beschluss zum Abschmelzen des Finanzausgleichs zwischen den reichen und armen Sendeanstalten, hat „unseren“ Sender in arge finanzielle Bedrängnis gebracht. Die Komplexe von Hörfunk in der Vahr und Fernsehen in Tenever müssen aufgegeben werden, weil sie getrennt nicht mehr wirtschaftlich vertretbar sind. Ein gemeinsamer Neubau entsteht bereits mitten in der Innenstadt mit Hilfe eines einmaligen finanziellen Zuschusses der ARD. Auf die zum Teil gerade einmal 40 Jahre alten Studiogebäude warten die Abrissbagger.

Fressen bald die Großen die Kleinen? Übrigens: Die ARD wurde im Juli 1950 in Bremen feierlich konstituiert.

Otto Günter Hühn, Erster Produktionsingenieur FS-Ton
(Liebevoll von uns allen auch Hühnchen genannt)

HOMAGE – Oder....and the beat goes on

DER BEATCLUB UND ICH!

Graham Bonney

An einem warmen, sonnigen Junitag, wurde ich von meiner gesamten Familie am Flughafen London Heathrow verabschiedet und mit Glückwünschen versehen, in eine Lufthansa B 727 Europajet gesetzt und nach Deutschland geschickt! Mein Gott, fühlte ich mich wichtig!!! Am Flughafen Bremen wurde ich von einem jungen Mädchen namens Aga (?) abgeholt und sofort zum Studio gebracht. Ich war bereits schon in einige Fernsehshows in England aufgetreten, aber das hier schien total anders zu sein. Alles war frei und total locker und jeder war unglaublich nett und freundlich! Eine ungewöhnlich Atmosphäre und als ich mich umsah, entdeckte ich jede Menge Topstars, erst dann erahnte ich, wie populär diese Sendung wohl sein würde! Mike Leckebusch ließ mich wissen, wie gut ihm mein Song gefällt und er mich unbedingt für diese Sendung haben wollte, das machte mich sehr stolz! Ein paar Minuten später wurde ich einer bildhübschen jungen Dame mit langen dunklen Haaren vorgestellt, Uschi Nerke, die Moderatorin dieser tollen Sendung! Auch sie sagte mir, wie gut ihr "SUPERGIRL" gefiel und ich konnte mein Glück nicht fassen!

Die Probe verlief sehr gut und ich verbrachte eine schlaflose Nacht. Wie sollte ich mich bewegen, was sollte ich tun? Hier ist meine Chance mit meiner Musik auch in Deutschland Fuß zu fassen, da durfte ich nichts falsch machen! Der große Tag der Sendung kam, das Publikum stand um das Podest herum, auf dem ich auftreten sollte und dann kam mein nächstes großes Geschenk dieser Sendung - die

Ansage von Uschi Nerke, für mich und meinen selbstgeschriebenen Song! Live und bundesweit: "Liebe Popfans hier kommt ein ganz lieber, junger Mann aus London! Und Ihr werdet jetzt die nächste Nr. 1 in Deutschland hören: SUPERGIRL! Himmel - was für eine Ansage!!! Mein Herz schlug mir bis zum Halse bei meinem Auftritt, alles war vergessen - das Publikum liebte mich und ich liebte sie!

Durch diesen Erfolg durfte ich im darauf folgenden September eine 52 Tages Tournee quer durch Deutschland, Österreich und die Schweiz mit Chris Andrews und den Walker Brothers machen und viele weitere BEAT-CLUB Sendungen folgten für mich! Es war diese Show, die mir einen Raketenstart in Deutschland bescherte und nun feiere auch ich hier mein 40 jähriges Jubiläum! Mike Leckebusch war einer der talentiertesten Fernsehregisseure, die es in der Welt gab. Er zauberte so viele große Dinge mit so wenigen Requisiten und Uschi Nerke - sie wurde eine Legende!

Vielen Dank Mike!
Vielen Dank Uschi!
Vielen Dank BEAT-CLUB!
Für alles, was Ihr für mich getan habt und das ich ein Teil Eures Erfolges sein durfte!

1965

Dear Uschi

Beat Club played a vital role in getting British groups established in Germany, in particular, and Europe in general. In terms of record sales, Germany was by far the most important European territory - although I think it took some of us a while to realise what a huge market it really was.

Appearing on Beat Club invariably involved us in taking an early morning flight from Heathrow at a most uncivilized hour! However, upon arrival at the TV studios, there was always a lovely warm welcome from the show's compere, Uschi Nerke and producer/director, Mike Leckenbusch. To my recollection, we never played live, but would mime either to the record itself or perhaps a re-recorded version of the record. Clearly, Beat Club played an important part in the promotion of any new Manfred Mann release, as our array of German hits proves . . . Just Like A Woman, Semi-Detatched Suburban Mr. James, Ha! Ha! Said The Clown, Fox On The Run, The Mighty Quinn, Ragamuffin Man and My Name Is Jack.

Also, and perhaps this is Beat Club's most lasting contribution, it has provided many British groups and artists from the 60s with virtually their only surviving footage of TV performances from those glory years!

With best wishes to you both
Mike & Lisa

Liebe Uschi,

Der Beat Club spielte eine wesentliche Rolle dabei, britische Bands besonders in Deutschland, aber auch ganz Europa zu etablieren.

Was die Plattenverkäufe betrifft, war Deutschland das bei weitem wichtigste europäische Gebiet – obwohl ich glaube, dass einige von uns eine ganze Weile dazu gebraucht haben, zu erkennen, was für ein riesiger Markt das wirklich war.
Die Auftritte im Beat Club führten unweigerlich dazu, dass wir den Frühflug von Heathrow zu einer wirklich unzivilisierten Zeit nahmen! Bei der Ankunft in den Fernsehstudios jedoch gab es immer einen herzlichen Empfang durch die Moderatorin Uschi Nerke und den Produzenten / Regisseur Mike Leckenbusch. So weit ich mich erinnern kann, haben wir niemals live gespielt, sondern machten Pantomime zur Platte selbst oder zu einer Aufnahme für die Platte. Ganz klar, dass der Beat Club ein wichtiger Bestandteil der Promotion einer jeden Manfred Mann – Plattenveröffentlichung war, wie die Liste unserer deutschen Hits zeigt... Just Like A Woman, Semi-Detached Suburban Mr. James, Ha! Ha! Said the Clown, Fox On The Run, The Mighty Quinn, Ragamuffin Man and My Name Is Jack.

Außerdem, und das ist vielleicht die nachhaltigste Leistung des Beat Clubs, hat er viele britische Gruppen und Künstler der 60er mit dem quasi einzigen noch existierenden Filmmaterial ihrer Auftritte aus dieser glorreichen Zeit versorgt!
Mike & Lisa D'Abo

... Aus dem Salm’schen Übungskeller

25.09.1965, Samstag Nachmittag, wir hatten unsere Probe im Salm`schen Übungskeller in meiner Heimat Uelzen, mit unserer damaligen Band „William Thornton & The Randalls“ abgebrochen und umlagerten mit ca. 20 Jungs & Mädels den Fernseher im Wohnzimmer. Mit dabei schon damals, mein alter Freund Ulf Krüger, mit dem ich später „Leinemann“ gründete.

Alle Sitzgelegenheiten waren belegt, selbst auf dem Perserteppich war kein Platz mehr frei. Meine Eltern, die sehr tolerant und auch Musikliebhaber waren, hatten, wegen des grossen Andrangs, den Raum freiwillig verlassen, hörten aber von der Terrasse aus mit und amüsierten sich köstlich!!!

Was für eine Aufregung, was für einen Vorfreude! Dann erschien Wilhelm Wieben, auf dem Schirm und bat als erstes um Verständnis bei der älteren Generation für das, was gleich über sie hereinbrechen würde. Die Intro-Musik, kam damals noch von Sounds Incorporated, einer meiner Lieblingsbands aus dem Star-Club, und dann ging es endlich los. Uschi Nerke, wunderhübsch, wie der Traum unserer schlafloser Beat-Musiker-Nächte, das erste Mal im Deutschen Fernsehen, und so richtig niedlich nervös. Gerd Augustin, der aussah, als wäre er gerade von einem Schreibtisch des örtlichen Finanzamts entfleucht, aber mit viel Musikverstand!

Ich erinnere mich noch genau an die Yankees mit ihren Mützen und dem genialen „Halbstark“ ! Wir gröhlten alle mit: „Oh Baby, Baby, Halbstark......“ Der Titel durfte später auf der ersten LP von Rudolf Rock nicht fehlen und wurde zu einem unserer beliebtesten Songs.

1966

Einige sprangen auf und tanzten mit, alle sangen, schrieen und lachten! Die Liverbirds, eine Mädchen-Beatband, in damaligen Zeiten einfach gigantisch!!! Die Zeit der Dorfmusik, als wir ausser bei BFN, AFN, Radio Luxemburg und einigen Piratensendern, überhaupt keine vernünftige Musik hören konnten war endlich vorbei. Und jetzt das Ganze sogar mit Bild, ein Waaaahnsinn. Meine Eltern auf der Terrasse groovten mit und fanden die Sendung auch spitzenmässig!!! Sie kannten die Musik ja auch schon durch unser häufiges Üben und ständige Party`s mit lautester Musik in unserem stadtbekannten „Keller“.

Am Anfang waren viele deutsche Gruppen im Beat-Club. Das fanden wir Klasse, denn wir konnten unsere direkte Konkurrenz sehen. Wir waren damals schon Hausband in Star-Palästen Lüneburg und Kiel und spielten mit vielen berühmten Bands, u.a. Bill Hayley, Screaming Lord Sutch mit Ritchie Blackmore, viele Male mit Paul Raven (Gary Glitter) & The Boston Showband, den Rattles, Lords, Liverbirds etc. Der Beat-Club wurde unsere Lieblingssendung und wurde jeden Samstag regelmäßig geschaut und wenn wir mit unserer eigenen Band unterwegs waren, wurde in dem jeweiligen Club, wo wir auftraten, der Fernseher angeschmissen. So waren wir immer informiert was abging. Leider haben wir es nie geschafft, in unserem geliebten Beat-Club live aufzutreten. Unsere Zeit kam mit Rudolf Rock & den Schockern & Leinemann im Musikladen, wo wir fast so etwas wie eine Stammband wurden!!!

Vielen Dank Uschi, Jörg, Mike,da oben, Manfred und allen andern für die tolle Zeit, die wir mit Euch verbringen durften!
Uli Salm

Dear Uschi

Lovely to hear from you and meeting you at the last TV show. I have fond memories of Beat Club as I was very young when I had my first hits, and found it difficult being away from me on my own. The German people always made me feel particularly welcome, and this was very much the case with Beat Club. All the people connected with the show, especially Uschi went out of their way to make me feel like part of a big family. Fondest memories of Beat Club.

Love
David Garrick

Liebe Uschi,

Es war schön von dir zu hören und dich bei der letzten Fernsehshow zu treffen. Ich habe sehr nette Erinnerungen an die Zeit, in der ich jung war und meine ersten Hits hatte und es sehr schwierig fand, ganz allein von zu Hause weg zu sein. Die Deutschen gaben mir immer das Gefühl, besonders willkommen zu sein und das war auf jeden Fall auch beim Beat Club so. Alle Leute, die mit der Show zu tun hatten und vor allem Uschi taten alles, um mich wie ein Teil einer großen Familie fühlen zu lassen. Die besten Erinnerungen an den Beat Club.

Liebe Grüße,
David Garrick

Hi Uschi,

It was a great honour for me to appear on the German TV show, Beat Club, both the presenter, and producer were highly acclaimed in England for their knowledge, expertise and the way that they dealt with the artists that appeared on the show and it was also good to be on a show that showcased to many of the current artists and musicians that I admired.

Very Best Wishes,

Ray Dorset

Hi Uschi,

Es war eine große Ehre für mich, in der deutschen Fernsehshow Beat Club aufzutreten, sowohl die Moderatorin, als auch der Produzent wurden in England hoch geschätzt wegen ihres Wissens, ihres Sachverstands und der Art, wie sie mit den Künstlern umgingen, die in der Show auftraten. Es war auch gut, in einer Show aufzutreten, die viele der aktuellen Künstler und Musiker, die ich bewunderte, präsentiert wurden.

Ray Dorset

Ray Dorset

Liebe Uschi,

Der Beat Club war für uns junge Leute damals etwas ganz Besonderes, er war die erste Jugend- und Musiksendung, die von jungen Leuten für junge Leute gemacht wurde. Die Musik war nicht nur umwerfend gut und sehr progressiv, sie war auch herrlich anders, wie auch die Leute anders waren, die den Beat Club machten oder beim Beat Club mitmachten. Wir hatten das Gefühl, Künstler, die hier auftraten, erobern die Welt und wir, die wir doch auch modern und up-to-date sein wollten, machen mit und gehören dazu.

Der Beat Club war super aufgemacht. Das, war uns hier präsentiert wurde, hatte nichts mehr mit dem Leben unserer Eltern gemein, es gehörte uns, die wir jung waren und so furchtbar gern anders sein wollten als unsere Eltern. Endlich hatten wir die Musik, die auf uns zugeschnitten, die progressiv war und unsere Stimmung ausdrückte. Musik, die nicht allzu viel mit unserer alten Kultur zu tun hatte. Auch noch Jahre nach dem Ende des 2. Weltkrieges wurde über die Vergangenheit nur selten gesprochen. Es umgab uns das große Fragezeichen, das nie beantwortet wurde. Keiner wusste so richtig, welche Gesinnung in der eignen Familie vorherrschte. Uns umgab das große Schweigen, deshalb wollten wir Lautstärke, Offenheit und vor allem Neues, das aus uns kam, etwas völlig anderes, etwas noch nie Dagewesenes. Zwischen unserer Generation und der unserer Eltern lagen Welten, die verschiedener kaum sein konnten. Wir wollten etwas eigenes haben und wer den Beat Club sah und gut fand, konnte auch nur interessant und flexibel sein.

1965 - Rattles

Ich hatte nur wenig Gelegenheit mir den Beatclub im Fernsehen anzuschauen. Meine Eltern hatten zwar einen Fernseher, aber der wurde nur für die Nachrichten eingeschaltet oder für Sendungen, die die ganze Familie sehen konnte wie Krimis, Quiz- oder Musiksendungen, halt für Sendungen, die in erster Linie meinen Eltern gefielen. Der Beat Club gefiel ihnen nicht, weil dort ja nur junge Leute auftraten, die alle so aussahen, wie man besser nicht aussieht: langhaarig, kurzberockt, selbstbewusst und mehr oder minder rebellisch, aufmüpfig. Den Beat Club zu Hause anzuschauen, war nur möglich, wenn meine Eltern außer Haus waren und das war äußerst selten.

Als ich den Beat Club zum ersten Mal bei meiner Tante Friedel sah, war ich total aus dem Häuschen. Ich fand Uschi Nerke, die dunkelhaarige Moderatorin richtig supertoll. Sie hatte so ein tolles frisches Lächeln, eine supertolle Figur, schlanke Beine und sie trug Klamotten, die absolut hipp waren. Zu ihren ultrakurzen Röcken oder Kleidern trug sie hohe farbige Stiefel, die es in sich hatten. Uschi Nerke fand ich toll, so wie sie wollte ich auch werden. Sie war neben meiner Freundin Karin das einzige Mädel, das ich auch dunkelhaarig toll und gutaussehend fand, denn eigentlich fand ich persönlich blond schöner, wahrscheinlich, weil ich blond war. Uschi Nerke machte eine Ausnahme. Sie sah nicht nur rundum toll und super gestylt aus, sie wirkte auch sehr selbstbewusst, sprach locker mit den Musikern und wusste sensationell gut über Musik Bescheid. Alles an ihr stimmte, sie war ein Typ und nichts war aufgesetzt. Mit meinen Eltern gab es oft Zoff wegen meiner Musik. Nicht, dass ich nicht nur den Beat Club nicht sehen durfte, ich hatte auch häufig Ärger wegen meiner Schallplatten. Für sie war die angesagte Musik, die reinste Negermusik, also Musik, die ins Chaos lief, die schrill war, wimmerte, jaulte, eben Musik, die kein anständiger Mensch hörte. Toll!!

1966 Dave Dee

Zum Glück hatte ich ein eigenes Zimmer und vor allem einen eigenen Plattenspieler, aber ich weiß noch, wie oft es bei uns fetzte, wenn ich mal wieder die Lautstärke zu sehr aufdrehte und kein Ende finden konnte. Ich liebte die Beatles, Stones, Kings und viele Bands, die ordentlich in die Tasten griffen. Je wilder und schräger sie aufspielten, um so besser gefielen sie mir und wenn die *süßen Jungs* denn auch noch gut aussahen, war ich schwer begeistert und nicht selten ein bisschen verliebt. War die Platte neu, dudelte ich sie wieder und wieder, bis ich den Text zum Mitsingen drauf hatte.

Die Musik, die ich überwiegend toll fand, war nicht in deutscher, sondern in englischer Sprache. Oft verstand ich gar nicht, was gesungen wurde, aber das war auch egal, Hauptsache, es war nicht so schrecklich deutsch, sprich deutsch war für uns auch ziemlich spießig. England war das Mekka für junge Leute, hier wurde Kunst gemacht, hier lebten die Musiker, die moderne und ganz andere Musik machten, hier war nicht nur die Musik anders, hier kreierten Typen auch das entsprechende Outfit. Je schräger die Typen, umso besser. Kunst und Musik gehörten zusammen. Ein Motto, das auch heute noch gilt.

Christiane Laszig
Buchautorin, Maskenbildnerin und Image Designerin

Dear Uschi,

Beat Club for me was a great tv show to do with the talented Mike Lekabush and the beautiful Uschi Nerke, i always got excited whenever i flew from london to do the show, it was such a creative show and so advanced for its time and that was mike and uschi both very advanced for there time and both talented people, i really miss those days and i think somebody should put together a dvd of the best of beat club.

lots of love,
Albert Hammond

Liebe Uschi,

Für mich war der Beat Club eine großartige Fernsehshow mit dem talentierten Mike Leckenbusch und der schönen Uschi Nerke. Ich war immer aufgeregt, wenn ich von London zur Show flog, die Show war so kreativ und fortschrittlich für ihre Zeit und sowohl Mike als auch Uschi waren für diese Zeit sehr fortschrittliche und talentierte Menschen. Ich vermisse jene Tage wirklich und ich denke, irgendwer sollte eine DVD mit dem besten des Beat Clubs zusammenstellen.

Alles Liebe,
Albert Hammond

Hi Uschi,

Das erste Mal trat ich mit der *Original Spencer Davis Group feat. Steve Winwood* im Beat Club auf. Unser damaliger Hit war „Keep on Running“ und die Fernsehshow hat uns sehr geholfen, da der Beat Club von allen Fans dieser unglaublichen musikalischen Revolution der Sechziger gesehen wurde. Wir spielten 100% live und wenn wir es vermasselten, war es schlecht. Also stellten wir sicher, dass wir es nicht vermasselten. Im Verlauf der Monate schien die Show immer besser zu werden. Ich erlebte den Wechsel von schwarz-weiß zu Farbe. Ich glaube, uns Musikern gefiel es dort, weil wir spielen konnten, ohne dass uns irgendein Blödmann mit der Stoppuhr erzählt, wir sollten doch die Nummern kurz halten. Als ich mit *Hardin and York* in den Beat Club Studios war, um „The Pike“ und „The Freedom Suite“ zu spielen, konnten wir es so ausdehnen wie bei unseren zahlreichen Gigs in Klubs.

Ein weiteres großes Plus war, dass wir von einer der sexiesten Frauen im europäischen Fernsehen begrüßt und präsentiert wurden. Ja, Uschi, du bist gemeint! Du hast es geschafft, *Cathy McGowan* von „Ready, Steady, Go“ wie Schwester Theresa aussehen zu lassen (was keine Respektlosigkeit gegenüber einer der beiden sein soll).

Regisseur Mike Leckenbusch machte tolle Bilder, die zu unserer Musik passten. Als *Hardin* und ich „Candlelight“ spielten, gab es Hunderte von Kerzen auf dem Studiofußboden, durch die die Kamera Aufnahmen machte. Es dauerte eine Weile, sie alle anzuzünden, aber der Effekt war wunderschön.

1965

Es waren einfache Effekte, keine digitalen Tricks. Die Stimmung dieser so fernen Zeit in der Musikgeschichte war geprägt durch Woodstock, die Beatlesfilme, den Marquee Club, den Starclub und den Beat Club. Wir spielten und sangen und hingen mit den Fans rum. Es gab keine Security, keine Bodyguards und keine Buchhalter, Diven oder Superstars, aber man konnte in einer Show wie dem Beat Club viel bessere Musik hören, die mit Gefühl gespielt wurde, als man heutzutage in einem Stadionkonzert zu hören bekommt. Wir werden so etwas wie den Beat Club nie wieder sehen, da die Medien viel zu viel Angst vor echtem Talent haben. Weil, wenn wirklich talentierte Künstler, seien sie alt oder hässlich, jemals wieder vor die Kamera zurückkehren, werden die Zuschauer schockiert sein zu sehen, was ihnen jahrelang vorenthalten wurde. Es ist nie zu spät für eine Revolution!!!!

So, das war's meine Liebe. Mit deiner Bitte hast du einige Gefühle wieder in mir hochkommen lassen. Ich versuche immer, dorthin zurückzukehren und ihnen zu zeigen, was wir noch können – und besser können. Wahrscheinlich hörst du noch meine Schlagzeugstöcke wenn sie mich in die Kiste packen.

Dir und den Deinen viel Gesundheit und Glück,
Viele Grüße von Pete York und Mecky.

18. 5. 05

Liebe Uschi,

Ich bin Pam von der Liverbirds, und Ich bin stolz das wir die erste Beat Club war. Zu diese zeit wuste ich nicht das es zu ein kult sendung kommen konnte. Es war wie ein tolle party, and das die pubikum vor uns tanzten und viel spass gehabt, war besser als in ein halle zuspielen Uschi war immer gut drauf, wie ein freundin für uns.

Ich bin öfters hin gefahen auch wan wir nicht dabei wahren, um spass zu haben, sogar selbst Hotel zu zahlen weil ohne playback, alles live, wunderbar, und Ich sehe gehne jeder wiederhohlung an. Bravo Beat Club.

Love Pam

Hope you understand my German, its a joke

Es war im Jahr 1967.....

Ich war gerade aus London zurück gekommen und noch voll von den erlebten Ereignissen. Welcher deutschen „Schlagersängerin" war es schon vergönnt, in London im Studio von Larry Page einen Titel von Ray Davies aufzunehmen, der speziell von ihm für mich geschrieben wurde. Und dann noch auf englisch! In Larry's Büro haute es mich fast um, als der wunderbare Paul McCartney reinmarschierte und ich ihm „hello" sagen durfte. Dabei blieb es aber nicht: Auch Jimi Hendrix hab ich dort kennen gelernt – und das hat mich doch ziemlich stolz gemacht.

Oh Gott, war ich schüchtern – ich bekam kaum ein Wort raus – aber die Krönung für mich war, als ich morgens in meinem Hotelzimmer das Radio anstellte - und mich plötzlich aus dem Radio selbst singen hörte. Und zwar auf deutsch – und das in England!!! Aber auch die Briten kamen anscheinend nicht an „Er ist wieder da" vorbei.

Ganz verrückt wurde es aber im Studio: Das gesamte Orchester war anwesend und ich durfte, wie bei einem Live-Bühnenauftritt zusammen mit den Musikern singen. Ich habe es genossen! Ich nahm dort drei Titel auf – und als ich wieder zuhause war, war ich gespannt, was daraus werden würde.

Ich musste nicht lange warten! Meine Plattenfirma sagte mir kurz darauf, dass Mike Leckebusch, der Regisseur vom Beat-Club auf meinen Titel „I go to sleep" ungeheuer positiv reagiert hätte und mich riesig gerne in der Dezember-Sendung hätte. Ja, du liebe Güte – ich bin vor Stolz fast vom Hocker gefallen. Denn ich war wirklich – wie ich später feststellte - die einzige deutsche Sängerin im legendären Beat-Club – und das innerhalb von sieben Jahren. Und darauf bin ich immer noch wahnsinnig stolz.

Eine besondere Ehre war für mich, als Mike mich mit anderen Musikern zu sich nachhause einlud. Ich hatte zwar gedacht, dass wir jetzt mal über die Sendung reden würden, - aber Mike hatte gerade eine nagelneue Antenne auf dem Dach, mit der man etliche ausländische Sender erreichen konnte und er war so stolz darauf, dass wir alle den restlichen Abend brav auf dem Sofa saßen und die fremden Testbilder bestaunten.

Marion Maerz

1967 Dave Lee Travis

Mein Beat-Club

Wenn ich mich recht erinnere, war mein erster Beatclub die Folge 8 vom Mai 1966. Meine erste Single besaß ich zu diesem Zeitpunkt bereits: "Wooly Bully" von Sam the Sham & The Pharaohs, erschienen 1965. Im Sommer 1966 stand dann die Fußball-WM in England an und zu dieser Zeit hörte man im Radio oder in TV-Berichten öfter einen geklatschten Rhythmus, der mir nicht mehr aus dem Kopf ging: Tam tam, tam tam tam, tam tam tam tam- tam tam Angeblich, so hieß es, sei dies die Anfeuerung der englischen Soccer-Fans für ihr Nationalteam. Wenig später hörte ich dann bei Radio Luxemburg eine Band namens Dave Dee, Dozy, Beaky, Mick & Tich mit dem Song "Hold Tight", dem genau der erwähnte Rhythmus unterlegt war. Unfassbar! Und dann diese kreischende Gitarre.

Danach geschahen zwei Dinge fast gleichzeitig: Ich erfuhr von einer Fernsehsendung namens Beatclub, wo Dave Dee und Co. zu sehen sein sollten und ich wünschte mir (und bekam) von meinen Eltern die erste Dave Dee-LP geschenkt: DDDBMT (auf Starclub/Fontana natürlich mit Hold Tight darauf). Dann kam Samstag, der 28. Mai 1966. Meine Eltern waren in der Küche als mein Freund Ewald und ich den Beatclub einschalteten und fast verrückt wurden: Dave und Co. leibhaftig auf der Bühne. Es gab sie also wirklich. Diese schrägen Klamotten, die kreischende Leadgitarre und - das tam tam, tam tam tam, tam tam tam tam-tam tam !!!

Zum ersten Mal wurde uns klar, dass es diese Musik nicht nur anonym im Tonstudio gab, sondern dass man das auch live spielen konnte. Wir waren ab sofort für immer verloren. Mein Vater schaute kurz rein, schüttelte den Kopf und bat uns den "Lärm" etwas leiser zu stellen. Zehn Sekunden hielten

1966 mit Dave Dee

wir uns daran, dann drehten wir wieder auf. Und dann diese Ansagerin (den Begriff Moderatorin gab es noch nicht oder wir kannten ihn zumindest nicht)in ihrem kurzen, knappen Kleidchen. So etwas hatten wir Schüler aus der Provinz noch nie gesehen. Als Zugabe gab es dann noch die ebenfalls völlig ausgeflippten Who, die Hollies und die obercoolen Remo Four. Das alles hatte etwas Exotisches, Unheimliches, Aufwühlendes. Kein Wunder: Kannten wir doch bis dahin nur harmlose Darbietungen von Peter Alexander oder Bully Buhlan. Ab diesem Samstag war der Beatclub Pflichttermin. Und falls im ZDF nicht gerade Sport kam, ließen uns meine Eltern erstaunlicherweise gewähren. Wohl in der sicheren Annahme, dass der Gitarrenlärmspuk nach ein paar Wochen wieder vorbei sein würde. Tja, Fehlanzeige.

Das einzige was uns störte waren die langen Pausen zwischen zwei Sendungen. Oder wenn später zu viel wertvolle Zeit durch Cartoons oder die Plaudertasche Dave Lee Travis draufging, der ständig in die Songs hineinquatschte. Denn natürlich versuchten wir jeden Beatclub per Mikro aufs Telefunken-Tonband aufzunehmen. Schließlich waren 4,75 Mark für eine Single und 18 Mark für eine LP damals ein Vermögen.

Dieser Uschi Nerke hingegen merkte man an, dass es ihr um Livemusik pur ging, Ihre Ansagen waren erfrischend kurz, knackig und kompakt. Sie machte sich nie wichtig und stand auf unserer Seite, das war völlig klar. Eine Sendung ist mir noch besonders gut in Erinnerung geblieben: Diejenige, die live aus dem Marquee-Club in London kam. Mit The Who, die am Ende ihre Instrumente zertrümmerten. Gehört hatten wir schon davon, aber dass es so was tatsächlich gab, unvorstellbar. Wir waren fasziniert von diesem Ausbruch.

Nach 1970 ließ mein Interesse am Beatclub dann allerdings deutlich nach. Die Prog- und Art-Rock-Bands mit ihren oft ausufernden Improvisationen hörte ich mir lieber auf Platte an, im Fernsehen war mir das zu langatmig. Außerdem war das die Zeit in der die technischen Bildspielereien überhand nahmen. Minutenlang sah man vor lauter Effekten die Musiker gar nicht mehr. Da hatte Mike Leckebusch wohl ein paar Geräte zuviel zur Verfügung.

So viel zu "meinem" Beatclub. Vor ein paar Jahren habe ich mit Dave Davies von den Kinks Emails getauscht. Er bestätigte, dass sie stets gern nach Bremen geflogen seien und die Auftritte im BC Riesenspaß gemacht hätten.

Peter Eitner, ARD-Buffet und Frank Laufenberg, Baden-Baden

1965

Ein ganz persönlicher Beat-Club

Zu meiner Person: Jahrgang 1956, also zu Zeiten des Jahres 1965 nicht ganz 9 Jahre alt, noch ohne Pickel und circa 3 cm höher als eine Harribo-Tüte (liegend). Es gab bei uns zuhause schon einen Fernseher, wo zwei, später drei Programme mittels eines 8 cm großen Handrades gesucht, teils auch gefunden wurden.

Meine große Schwester hatte irgend etwas gemacht, jedenfalls war sie da zu sehen und noch mehr zu hören. Sicherlich total aufregend, aber für mich unverständlich. Ich verstand auch nicht, warum Menschen auf den Straßenbahnschienen saßen und gegen die Fahrpreiserhöhung waren oder war die Erhöhung nicht hoch genug? Egal.

Es gab Tage, da durfte ich mit unserem Vater zum Sender, wer das auch immer war. Nette Leute in weißen Jacken wiesen uns Plätze zu, riesige Dinger auf Fahrgestellen wurden hin und her geschoben. Uschi guckte dort hinein und erzählte den Maschinen etwas. Auch ok. Jetzt, nach Uschis kurzem Text ging aber die Post ab.

Ein Ehepaar aus Amerika fing an, sich verliebt anguckend ein tolles Lied zu singen. Sie standen auf einem Podest und bewegten sich kaum, dennoch, das Lied war toll. Sie hießen Soni änd Tschär. Die Kleidung war der Hit, jedenfalls von ihm, rot/weiß gestreifte Hosen, so wie der Pyjama von meinem Vater! Ich glaube , dass die Frau eine Weste trug, wie meine Eltern einen Bettvorleger hatten, den sie

1966

Flokati nannten. Aber bitte, warum nicht bei der Affenwärme im Studio. Anzumerken ist schon, dass ich „I got you babe“ heute noch super finde und zu jeder Tag und Nachtzeit gerne höre.

Wer hat schon einmal einen richtigen Lord gesehen? Na ich, sogar gleich 5 davon. Und laut waren die! Erste Sahne! Da ich von der englischen Sprache nun wirklich noch nichts richtig verstand, grummelte ich halt die Melodie mit, auch noch im Auto auf der Heimfahrt, sehr zum Leidwesen des Erziehungsberechtigten. Nach dem Auftritt der Lords wurde über die Studiolautsprecher gesagt, dass Lord Ulli bitte noch in die Regie kommen soll! Na sag ich doch, eben ein richtiger Lord.

Was mich jedoch am meisten beeindruckt hat, war der junge Gitarrist, kaum älter als ich (ich meine, er spielte den Bass, aber das muss nicht richtig sein), der auch von weit weg kam. Er hieß Steve (toller Name, wenn man selber Georg heißt) und spielte bei der Spencer Davis Group. Die Hose, die er trug, hatte einen großen Schlag. Ja, Herrgott, was heißt das wohl. Damit konnte keiner dem Bus hinterherrennen, aber man hatte mächtig Basis an den Füßen.

Das Stück hieß und heißt „Keep on running“ und dürfte zu den legendärsten Klassikern gehören.

Immerhin, ich war dabei (mein größter Wunsch, Stevie wieder einmal live zu sehen)! Es ist nur schwer zu vermitteln, wie sich die Tonqualität vom 6-Volt-Transitor-Radio(gelb) zu dem Höllensound im Studio unterschied. Ich denke nicht, dass ich den Mund wieder habe schließen können. Der geneigte Zuschauer alter Aufnahmen mag mir das bitte nachsehen.

1972 mit Manfred Sexauer, Mike Leckebusch, Insterburg & Co.

Ja der Hit an sich war doch eben die Sendung, die in London produziert werden sollte. Der gesamte Stab , vom Beleuchter, über den Tonmenschen, die Maskenbildnerinnen, der Regisseur samt Assistentinnen und und und, sie alle trafen sich am Bremer Hauptbahnhof. Da durfte ich mit, Uschi zum Zug bringen. Alle hatten endlos Gepäck dabei und waren dunkel gekleidet(war etwas passiert?). Es war enorm, was dieser Mike Leckebusch da auf die Beine stellte. Der ganze Tross setzte auf die Insel über und wir bekamen eine Sendung direkt aus der Metropole zu sehen. Genaues weiß ich nicht mehr, kann mich aber noch sehr gut an Uschis Ansage vor dem Underground-Schild erinnern.

Georg

1966

Dear Uschi

What I always liked about Beat Club was that it was so spontaneous, unlike a lot of other shows in those days , you did'nt have to wait three days to sing one song. I can remember when I was asked to do the show with To Whom It Concerns, being picked up from the airport straight to the show, arriving just before the show was comming to an end,put in front of the cameras and performing, no rehearsal, really got the adrenalin going..Great Stuff Great Show.

Best Wishes
Chris Andrews

Liebe Uschi,

Was mir am Beat Club immer gefiel, war, dass es so spontan war, ganz anders als viele Shows zu jener Zeit. Man musste nicht 3 Tage lang warten, um einen Song zu singen. Ich kann mich erinnern, als ich gebeten wurde, die Show mit „To Whom It Concerns" zu machen, wurde ich vom Flughafen abgeholt und direkt in die Show gebracht, kam dort kurz vor Ende der Sendung an, wurde vor die Kameras gestellt und fing an, ohne Probe. Das war ein echter Adrenalin-Kick. Toll. Großartige Show.

Chris Andrews

Chris Andrews und Uschi 1993

Es ist in diesem Monat (Juli 2005) genau 40 Jahre her, da fing ich an, meine erste deutsche Fernsehshow für Radio Bremen, bzw. die ARD, vorzubereiten. Mein „Entdecker“ war Michael (Mike) Leckebusch. Ein Jahr zuvor hatte er bei dem Fernsehfestival in Montreux eine Holländische Show von mir gesehen, und er war fest davon überzeugt, dass ich auch beim deutschen Publikum ankommen werde. Obwohl Mike, als Redakteur, für meine Show verantwortlich war, kam sie bei Ihm erst an zweiter Stelle. Er war besessen von der Idee, eine Musiksendung für das deutsche Fernsehen unter den Namen „Beat Club“ zu produzieren. Und wir beide hatten ein Problem. Ich suchte noch eine Sängerin für meine Show und Mike, für seine, eine Moderatorin. Irgendjemand gab mir dann eine Single von einer jungen Bremer Sängerin namens Uschi Nerke. Auf dem Foto sah sie gut aus, aber das was sie sang war mir zuviel Schlager und zu wenig Show. Trotzdem rief ich sie an, und wir verabredeten uns zu einem Gespräch bei ihr zu Hause. Damals gab es einen Hit von Chris Howland „Die Mutter ist immer dabei“. Und so war es auch als ich Uschi in der Bremer Neustadt besuchte.

Uschi sah sehr gut aus, hatte Charme, war selbstsicher, also eigentlich perfekt für meine Show. Aber als Typ gab es in den damaligen deutschen Unterhaltungssendungen viele Sängerinnen, u.a. aus Skandinavischen Ländern. Also fuhr ich wieder zu Radio Bremen und sagte Mike Leckebusch: „ Für meine Show brauch ich etwas anderes, aber für deinen „Beat Club“ ist sie die perfekte Moderatorin. Also fuhr Mike sofort zu Uschi in die Bremer Neustadt, wo die Mutter inzwischen einkaufen war. Aber das interessierte Mike nicht! Er war gleich von Uschi begeistert und schon wieder hatte ich ein neues Talent entdeckt.

Rudi Carrell

Mit Rudi Carrell beim 6-Tage-Rennen in Bremen – Wir feierten in meinen 26. Geburtstag

Als ich das erste Mal in der Sechzigern den Beat Club sah, bin ich fast ausgetickt. Viele Bands und Solointerpreten, die ich nur von den Singles, bzw. LP`s kannte, sah ich nun endlich Live im Beat Club. Nebenbei hatte ich mich auch unsterblich in Uschi verliebt, die aber leider über den Bildschirm meine Liebe nicht erwiderte.

Der Beatclub hat über Jahrzehnte meinen Musikgeschmack sehr geprägt. Der Auftritt mit Truck Stop im BC war für mich ein absoluter Höhepunkt.

Uwe Lost
(Truck Stop)

Mike

Mike war etwas ganz Besonderes, was ich anfangs natürlich nicht bemerkte, denn für mich war er mit seinen 27 Jahren ein ziemlich junger Kerl.

Ich hatte natürlich auch keine Ahnung, was dieser Bursche in den nächsten Jahren noch an zukünftigen Innovationen auf den Bildschirm bringen sollte. Für mich war er am Anfang nur ein ganz normaler Regisseur, der eine tolle Sendung auf den Bildschirm brachte und damit seine ganz normale Arbeit machte.

Aber Mike war anders! Ich glaube, schon damals, als unsere Sendungen gerade anfingen und in schwarz-weiß gesendet wurden, hat er in anderen optischen Regionen gedacht. Ich werde nie vergessen, wie dieser Mann total verliebt mit den Reglern auf dem Mischpult hantierte – und damit die verrücktesten Sachen produzierte. Nicht sehr viele Menschen konnten das damals nachvollziehen, aber wir, die wir voll hinter ihm standen, haben ihn dafür geliebt und respektiert.

Heute sind seine Arbeiten Kult! Mike hat für das Fernsehen gelebt!
Es war seine Bestimmung – seine Passion.

1966 mit Mike und Dave Dee

Hätte es dieses Medium nicht gegeben – ich glaube, er hätte nicht existieren können. Manchmal denk ich – es wurde nur eigens für ihn erfunden. Mike war eigentlich ein sehr introvertierter Mensch. Wir kannten uns seit 1965 und waren auch seit dieser Zeit befreundet. Aber leicht war dieser Mann nie. Er hatte zwar ein unglaublich großes und weiches Herz, liebte Tiere und wenn man Probleme hatte, war Mike mit allem, was er hatte dabei und half.

Ich nannte ihn immer: Meinen großen Bär! Groß, gutmütig tapsig und immer ein liebevolles Brummen um sich rum. Ja, im Nachhinein kann ich sagen: Er war ein wundervoller Freund. Und ich glaube, er empfand mich genauso. Ich habe ihm bei etlichen Freundinnen Rat gegeben, habe sogar auch mal die Koffer seiner damals zukünftigen Frau wieder nach oben getragen. Ja, du liebe Güte, wozu waren wir Freunde! Und zwar echte Freunde!!!

Mike, Du fehlst mir!

Du hast aus mir gemacht, was ich heute bin – und es ist nicht fair, dass Du jetzt nicht dabei sein kannst! Der Beat-Club feiert jetzt den 40. Geburtstag – und Du hättest ganz oben auf dem glorreichen Sessel sitzen müssen!

Mike, ich danke Dir für alles – und ich werde Dich nie vergessen!

Deine Uschi